BEI GRIN MACHT SICH
WISSEN BEZAHLT

- Wir veröffentlichen Ihre Hausarbeit,
  Bachelor- und Masterarbeit

- Ihr eigenes eBook und Buch -
  weltweit in allen wichtigen Shops

- Verdienen Sie an jedem Verkauf

Jetzt bei www.GRIN.com hochladen
und kostenlos publizieren

Benjamin Wilms, Frank Sven Kartäusch

Herausforderungen und Chancen des Offshoring

GRIN Verlag

Bibliografische Information der Deutschen Nationalbibliothek:

Die Deutsche Bibliothek verzeichnet diese Publikation in der Deutschen National-
bibliografie; detaillierte bibliografische Daten sind im Internet über http://dnb.d-
nb.de/ abrufbar.

Dieses Werk sowie alle darin enthaltenen einzelnen Beiträge und Abbildungen
sind urheberrechtlich geschützt. Jede Verwertung, die nicht ausdrücklich vom
Urheberrechtsschutz zugelassen ist, bedarf der vorherigen Zustimmung des Verla-
ges. Das gilt insbesondere für Vervielfältigungen, Bearbeitungen, Übersetzungen,
Mikroverfilmungen, Auswertungen durch Datenbanken und für die Einspeicherung
und Verarbeitung in elektronische Systeme. Alle Rechte, auch die des auszugsweisen
Nachdrucks, der fotomechanischen Wiedergabe (einschließlich Mikrokopie) sowie
der Auswertung durch Datenbanken oder ähnliche Einrichtungen, vorbehalten.

Impressum:

Copyright © 2011 GRIN Verlag GmbH
Druck und Bindung: Books on Demand GmbH, Norderstedt Germany
ISBN: 978-3-656-84253-8

Dieses Buch bei GRIN:

http://www.grin.com/de/e-book/284037/herausforderungen-und-chancen-des-
offshoring

GRIN - Your knowledge has value

Der GRIN Verlag publiziert seit 1998 wissenschaftliche Arbeiten von Studenten, Hochschullehrern und anderen Akademikern als eBook und gedrucktes Buch. Die Verlagswebsite www.grin.com ist die ideale Plattform zur Veröffentlichung von Hausarbeiten, Abschlussarbeiten, wissenschaftlichen Aufsätzen, Dissertationen und Fachbüchern.

Besuchen Sie uns im Internet:

http://www.grin.com/

http://www.facebook.com/grincom

http://www.twitter.com/grin_com

JUNIORPROFESSUR

FÜR WIRTSCHAFTSINFORMATIK

UND INFORMATION SYSTEMS QUALITY

Quality of Information Systems

im Sommersemester 2011

Thema Nr. 2

Herausforderungen und Chancen des Offshoring

vorgelegt von:

Kartäusch, Frank Sven | Wilms, Benjamin David

Inhaltsverzeichnis

Abkürzungsverzeichnis

CMM   Capability Maturity Model

Abbildungsverzeichnis

Tabellenverzeichnis

1

1. Einleitung

1.1 Problemstellung und Zielsetzung

Bereits die Entwicklung von Informationssystemen im eigenen Unternehmen schlägt häufig fehl oder entspricht nicht den angestrebten Erwartungen.[1] In den letzten Jahren verlagerten immer mehr Unternehmen diesen Prozess in Billiglohnländer.[2] Weil Unternehmen nicht wissen, welche Risiken und Herausforderungen das Offshoring birgt, schlagen ausgelagerte Entwicklungen häufiger fehl oder sparen weniger Kosten ein als geplant.[3]

Im Rahmen dieser Arbeit soll eine Antwort auf die Frage gegeben werden, wie Unternehmen die Chancen, ein Offshoring-Projekt erfolgreich abzuschließen, erhöhen können. Bisher haben viele Unternehmen keine Regelungen zur erfolgreichen Umsetzung von Offshoring-Projekten.

Zur Aufklärung wird ein grundlegendes Framework erstellt, welches auf Offshoring vorbereitet und hilft mögliche Gefahrenquellen zu identifizieren und zu vermeiden.

Die Arbeit soll eine Hilfestellung zur Prüfung der Zweckmäßigkeit von Offshoring – Projekten geben. Das Unternehmen soll zu prüfen, ob in der jeweiligen Lage Offshoring sinnvoll ist und in welchen Bereichen noch Anpassungsbedarf vorhanden ist.

Konkret sollen Unternehmen Antworten auf folgende Fragen erhalten:

* Welche Risiken existieren beim Offshoring und wie minimiere ich diese?
* Welche Bedingungen sollte mein Unternehmen erfüllen, damit erfolgreich Offshoring betrieben werden kann?
* Für welche Projekte ist Offshoreentwicklung sinnvoll, für welche nicht?
* Wie kann ich die Erfolgschancen beim Offshoring erhöhen?

Unternehmen, ohne Erfahrung im Offshoring, können einen ersten Überblick gewinnen und sich entsprechend auf Offshoring einstellen.

---

[1] Vgl. El Emam, Koru (2008), S. 87 – 88.

[2] Vgl. Kaiser, Hawk (2004), S. 69 – 70.

[3] Vgl. Heeks, u.a. (2001), S. 54.

1.2 Aufbau der Arbeit

Zunächst wird der Begriff Offshoring definiert und dessen Verwendung in dieser Arbeit erläutert. Es erfolgt eine Abgrenzung gegen Begriffe wie Outsorcing und Nearshoring. Anschließend werden Chancen genannt, die Unternehmen durch Offshoring versuchen zu erreichen, sowie Herausforderungen des Offshorings.

Im Hauptteil der Arbeit geht es anschließend um die Relevanz von Offshoring für Unternehmen. Um das Ziel dieser Arbeit zu erreichen, wird durch ausgewählte Literatur und Fallstudien ein Framework erarbeitet, welches Unternehmen auf Offshoring vorbereitet und die Durchführung der Maßnahme unterstützt.

2. Offshoring

Im Folgenden wird der Begriff Offshoring erläutert. Zunächst wird mit eine Begriffsdefinition gegeben, sowie eine Abgrenzung gegen Outsourcing vorgenommen. Anschließend wird auf Chancen und Risiken des Offshorings eingegangen.

2.1 Definition / Abgrenzung

2.1.1 Outsourcing

Der Begriff Outsourcing beschreibt die Auslagerung von Leistungen, welche bisher selbst erbracht wurden, an externe Auftragnehmer oder Dienstleister.[4] Dabei muss es sich bei den Leistungen nicht um materielle Güter handeln. Auch Dienstleistungen können outgesourced werden, wie zum Beispiel Call-Center oder die Anwendungsentwicklung.

Die Relevanz von Outsourcing wird durch einen steigenden Umsatz deutlich. Allein in Deutschland betrug der Umsatz mit IT- und Business-Process-Outsourcing 2010 knapp 15 Milliarden Euro, die Tendenz ist weiter steigend.[5]

---

[4] Vgl. Duden (2011) und Kaiser, Hawk (2004), S. 70.

[5] Vgl. BITKOM (2010), S.1.

2.1.2 Offshoring

Offshoring ist eine besondere Form des Outsourcings. Während der Begriff Outsourcing nur eine Auslagerung von Prozessen darstellt, beschreibt Offshoring außerdem, wohin diese ausgelagert werden.

Offshoring wird meist in geografisch entfernten Billiglohnländern betrieben. Tabelle 2-1 gibt eine Übersicht über die zehn attraktivsten Offshoring-Länder. Diese wurden anhand von 43 Kriterien, unterteilt in drei Kategorien, gemessen und anschließend ein Gesamtwert errechnet. Bei mehr als der Hälfte der Länder handelt es sich um asiatische, das einzige europäische Land ist Bulgarien.

Rang	Land	Finanzielle Attraktivität	Mitarbeiter und Fachwissen	Geschäftsumfeld	Gesamt
1	Indien	3,22	2,34	1,44	7,00
2	China	2,93	2,25	1,38	6,56
3	Malaysia	2,84	1,26	2,02	6,12
4	Thailand	3,19	1,21	1,62	6,02
5	Brasilien	2,64	1,78	1,47	5,89
6	Indonesien	3,29	1,47	1,06	5,82
7	Chile	2,65	1,18	1,93	5,76
8	Philippinen	3,26	1,23	1,26	5,75
9	Bulgarien	3,16	1,04	1,56	5,75
10	Mexiko	2,63	1,49	1,61	5,73

Tab. 2-1: Attraktive Offshoring-Länder nach A.T. Kearney[6]

Wie beim Outsourcing können sowohl Produktion als auch Dienstleistungen Offshore erbracht werden. Besonders geeignet für Offshoring ist die Anwendungsentwicklung, vor allem durch die standardisierten Abläufe wird die Kooperation mit geografisch entfernten Unternehmen vereinfacht.[7] Mit diesem Bereich des Offshorings beschäftigt sich diese Arbeit.

---

[6] Vgl. A.T. Kearney (2007), S.2.

[7] Vgl. Deutsche Bank Research (2005), S. 6.

2.1.3 Andere Offshore Varianten[8]

Neben dem reinen Offshoring, haben sich noch andere Arten von Offshoring gebildet. Die Unterarten sind Onsite, Onsite-Offshore, Onsite-Onshore-Offshore und Nearshore. Wobei Nearshore von der Organisationsform reinem Offshoring entspricht, mit dem Unterschied, in einem Land mit einer ähnlichen oder gleichen Kultur zu entwickeln. Bei Onsite, Onsite-Offshore und Onsite-Onshore-Offshore werden jeweils Mitarbeiter des Offshore-Unternehmens zum Offshorer geholt. Bei dem Onsite-Modell findet die ganze Entwicklung beim Unternehmen statt, es arbeitet also kein anderer Entwickler im Offshoreland an dem Projekt. Bei Onsite-Offshore-Projekten arbeiten Mitarbeiter des Offshore-Unternehmens beim Offshorer vor Ort und im Offshoreland. Die vor Ort arbeitenden Mitarbeiter sind verantwortlich für Spezifikationen und die Kommunikation zu den Entwicklern im Offshore-Land.[9] Das Onsite-Onshore-Offshore Modell unterscheidet sich nicht sehr vom Onsite Konzept. Es werden zusätzlich technische Arbeiten, die in Zusammenarbeit mit dem Offshorer anfallen vor Ort erledigt.

2.2 Chancen

Für Unternehmen gibt es verschiedene Gründe, offshore Software zu entwickeln, für die meisten ist das dominierende Motiv eine Kostensenkung während der Entwicklung.[10] Während in Deutschland Stundenlöhne von über 50 Euro für einen Programmierer anfallen, müssen Unternehmen für Offshore-Programmierer ein wesentlich geringeres Gehalt planen.[11] Trotz steigender Lohnkosten in Offshoring-Ländern wird dieser Vorteil voraussichtlich noch 20 Jahre erhalten bleiben.[12] Bei den Kostenvorteilen muss jedoch beachtet werden, dass beim Offshoring zwar Entwicklungskosten gespart werden können, jedoch andere Kosten wie Reise- und Kommunikationskosten anfallen.[13]
Ein weiterer Grund ist eine Steigerung der Flexibilität. Durch eine Software-Entwicklung, die in verschiedenen Ländern betrieben wird, kann das Unternehmen die

---

[8] Vgl. Gadatsch (2006), S.48-49.

[9] Vgl. Nicholson, Sahay (2001), S.40.

[10] Vgl. Deutsche Bank Research (2005), S. 12.

[11] Vgl. Suchitra, Sabyasachi (2006), S. 6.

[12] Vgl. A.T. Kearney (2007), S. 3-4.

[13] Vgl. Ebert, de Neve (2001), S. 69.

Software rund um die Uhr entwickeln lassen.[14] Auf Grund der verschiedenen Zeitzonen kann die Software während der deutschen Nacht beispielsweise in Indien oder China weiterentwickelt werden. Hierdurch ergibt sich eine geringere Entwicklungszeit und die Software kann früher auf den Markt gebracht werden.

Häufig mangelt es auf dem Arbeitsmarkt in dem Land eines Unternehmens auch an qualifizierten Arbeitskräften. Abbildung 2-1 zeigt einen Vergleich zwischen verfügbaren und benötigten Arbeitskräften im IT-Bereich in den USA. Durch Offshoring haben Unternehmen die Möglichkeit, auf qualifiziertes Personal in ausreichendem Umfang zuzugreifen.[15]

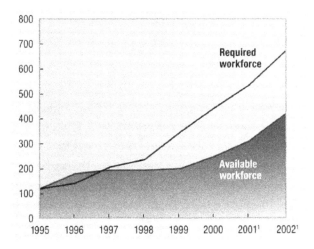

Abb. 2-1: Benötigte IT-Arbeitskraft im Vergleich zu verfügbaren in den USA nach Amoribieta u.a.[16]

Weiterhin entlasten Unternehmen ihre Entwickler durch Offshoring und können diese flexibel für andere Projekte einsetzen. Da in Offshoring-Ländern hochqualifiziertes Personal verfügbar ist erreichen die Unternehmen durch Offshore-Entwicklung eine hohe Softwarequalität. Tabelle 2-2 gibt einen Überblick über die Fehlerquote von Software,

---

[14] Vgl Ebert, De Neve (2001), S. 62.

[15] Vgl. Previtali (2001), S. 41.

[16] Vgl. Amoribieta u. a. (2001), S. 131.

6

unterteilt in verschiedene Regionen. Die Qualität offshore entwickelter Software ist auf einem hohen Niveau.

Entwicklung in	Quellcodegröße [in 1000 Zeilen]	Defekte pro 1000 Zeilen Quellcode
Beijing, China	57	0,7
Arlington Heights, USA	54	0,8
Arlington Heights, USA	74	1,3
Tokyo, Japan	56	0,2
Bangalore, Indien	165	0,5
Singapur	45	0,1
Adelaide, Australien	60	0,5

Tab. 2-2: Vergleich Quellcode-Qualität nach Battin u. a.[17]

Da bei viele Unternehmen das Kerngeschäft nicht die Softwareentwicklung ist, wie zum Beispiel bei Banken, können diese Unternehmen sich durch Offshoring auf das eigentliche Kerngeschäft konzentrieren. Unternehmen, deren Kerngeschäft hingegen technologisch ist, bietet sich die Möglichkeit neue Märkte mit ihren Produkten zu erschließen.[18] Die eingesetzten Entwickler kennen die Bedürfnisse der Märkte ihrer Kultur. Somit kann die Software mit einem geringeren Aufwand auch für diese Märkte angepasst werden.

2.3 Risiken

Viele Unternehmen sehen im Offshoring eine Chance die Entwicklungskosten zu senken. Hierbei werden aber meist nicht die Risiken beachtet, weshalb nur deutlich weniger oder überhaupt keine Kosten gespart werden.[19] Im Folgenden werden die Herausforderungen des Offshoring aufgeschlüsselt und dargestellt.

---

[17] Vgl. Battin u. a. (2001), S. 76.

[18] Vgl Ebert, De Neve (2001), S. 62-63.

[19] Vgl. Phillip, Schwabe, Ewusi-Mensah (2009), S.1.

2.3.1 Organisatorische Herausforderung

Die Verlagerung der Entwicklung in ein anderes Land beinhaltet viele strategische Entscheidungen und somit auch Risiken. Das Land muss ausgewählt werden, wobei politische Risiken zu berücksichtigen sind.[20] Ein Offshore-Partner muss gefunden werden. Auch der Zeitpunkt des Offshoring kann ein Vorteil gegenüber anderen Firmen bringen. Ist man eines der ersten Unternehmen, die in ein Land offshoren, so kann man evtl. einen Nutzen durch besonders günstige Entwicklungspreise erreichen. Die Entwickler können in diesem Land aber auch unerfahren sein, weshalb es zu einer niedrigeren Qualität und mehr Zeitaufwand kommen kann.[21] Ebenso können bei einem späten Offshoring die Löhne bereits gestiegen sein. Auch die Entscheidung über ein volles Offshoring oder nur ein teilweises muss getroffen werden und der Offshore-Partner muss sinnvoll ausgewählt werden.

2.3.2 Kommunikative Problem

Da die Kommunikation während des Offshorings häufig nicht in der Muttersprache eines der beiden Unternehmen stattfindet, kann es zu kommunikativen Problemen führen, die das Unternehmen Zeit und Geld kosten.[22] Werden Verständnisprobleme erst später in der Entwicklung bemerkt, können diese das gesamte Projekt gefährden und zu hohen extra Kosten führen. Dazu kann je nach Offshore-Land die Zeitverschiebung ein Problem sein, da sich die Mitarbeiter während der Arbeitszeit nicht oder nur wenig austauschen können. Fehlende persönliche Treffen können auch die Kommunikation untereinander hemmen, da der Aufbau von Vertrauensverhältnissen erschwert ist.[23]

2.3.3 Management

Durch das Offshoring werden die Kosten für die Entwickler gesenkt. Da allerdings die Ausgaben für das Management ansteigen, verringert dies teilweise die Einsparungen, die durch die günstigeren Programmierer erreicht werden sollen. Das Management muss sich zudem darum bemühen, eine Vertrauensbasis aufzubauen, da sonst Misstrauen und

---

[20] Vgl. Hahn, Doh, Bunyaratavej (2009), S.599-600.

[21] Vgl. Dibbern, Winkler, Heinzl (2008b), S.249.

[22] Vgl. Dibbern, Winkler, Heinzl (2008a), S.342.

[23] Vgl. Phillip, Schwabe, Ewusi-Mensah (2009), S.4.

mangelnde Kommunikation die gemeinsame Arbeit am Projekt stören kann. Auch muss das Management sichergehen, dass der Offshore-Partner im Interesse des Unternehmens arbeitet und sich an die Vorgaben zur Projektverwirklichung hält, wie zum Beispiel ständiger Kommunikation mit dem Unternehmen.

2.3.4 Qualität

Ein weiterer Risikofaktor ist die Qualität der entwickelten Software. Die sonst gewohnte Qualität wird vom Offshore-Partner eventuell nicht erreicht, z.b. aufgrund geringerer Programmierstandards andere sind, oder aber auch die Programmierer nicht erfahren genug sind.[24]

2.3.5 Extra Kosten

Ein großes Risiko bei Offshoring sind Kostensteigerungen, die anfallen aber nicht bei der Planung und Budgetierung berücksichtigt wurden. Dies führt im Endeffekt zu geringen Kostenersparnissen als geplant. Die zusätzlichen Kosten können in 5 Kategorien eingeteilt werden.[25]

2.3.5.1 Spezifikationskosten[26]

Spezifikationskosten, sind Kosten, die das Unternehmen für nähere Definitionen des zu entwickelnden Informationssystems einplanen muss. Hierbei kann es aufgrund von sprachlichen Schwächen der Mitarbeiter zu Problemen kommen. Kann ein Mitarbeiter nicht genau definieren und erläutern welche Anforderungen an das Informations-System bestehen, so ist es umso schwieriger für die Entwickler, die Funktionen zu integrieren und korrekt umzusetzen. Daraufhin muss vom Unternehmen wieder Zeit und Geld aufgewendet werden, um die Funktionen genauer zu definieren.

---

[24] Vgl. Dibbern, Winkler, Heinzl (2008b), S.249.

[25] Vgl. Dibbern, Winkler, Heinzl (2008a), S.337.

[26] Vgl. Dibbern, Winkler, Heinzl (2008a), S.338.

2.3.5.2 Designkosten[27]

Zur Entwicklung der Software muss dem Offshore-Partner das Konzept der Software erläutert werden. Datenstruktur, Architektur und Interfaces müssen entworfen und dem Entwickler ausführlich erklärt werden. Je nach Komplexität der Software muss hier zusätzliche Zeit drauf verwendet werden, womit Dauer und Kosten des Projektes steigen.

2.3.5.3 Wissenstransferkosten[28]

Wissenstransferkosten sind die Kosten, die für das Unternehmen anfallen, um dem neuen Entwickler die bisherigen Standards zu vermitteln. Hierfür werden Entwickler gebraucht, die schon an früheren Projekten des Unternehmens beteiligt waren. Diese agieren als Coach für die neuen Entwickler ein, womit allerdings eine Eifersucht auf Seiten der früheren Entwickler entstehen kann.[29] Hier kann auch der kulturelle Unterschied eine Rolle spielen. Unter Umständen werden in dem nationalen Markt des Offshore-Partner auf andere Funktionalitäten Wert gelegt, als beim Markt des Unternehmens selbst.

2.3.5.4 Koordinationskosten[30]

Um eine effiziente Entwicklung zu fördern muss das Unternehmen einen hohen Koordinationsaufwand betreiben. Nicht nur die eigenen Mitarbeiter müssen koordiniert werden, sondern auch die des Offshore-Partners und die Zusammenarbeit zwischen den beiden Seiten. Das heißt beide Seiten müssen wissen, wann sie welche Aufgaben erledigt haben sollen, zu welchen Zeitpunkten Kommunikation mit dem Partner stattfinden soll und andere koordinatorischen Angelegenheiten. Das Unternehmen muss also die eigenen und die Ressourcen des Offshore-Partners kennen und koordiniert einsetzen können.

---

[27] Vgl. Dibbern, Winkler, Heinzl (2008a), S.337.

[28] Vgl. Dibbern, Winkler, Heinzl (2008a), S.337.

[29] Vgl. De Neve, Ebert (2001), S.63.

[30] Vgl. Dibbern, Winkler, Heinzl (2008a), S.338.

2.3.5.5 Kontrollkosten [31]

Das Unternehmen muss sicher gehen, dass der Offshore-Partner die vorgeschriebenen Aufgaben erfüllt und das Fortschreiten der Entwicklung im Blick haben. So können Fehlentwicklungen frühzeitig erkannt und darauf hingewiesen werden. Zur Kontrolle müssen Mitarbeiter beschäftigt werden, Kontrollsysteme aufgebaut werden sowie Schulungen durchgeführt werden

3. Framework

3.1 Forschungsmethode

Zur Erarbeitung des Frameworks wird eine Reihe von Fallstudien herangezogen. Bei der Auswahl der Fallstudien wurde auf drei verschiedene Aspekte großer Wert gelegt. Zum ersten handelt es sich bei den analysierten Fallstudien um aktuelle Literatur, um die Aktualität des Frameworks sicher zu stellen. Keine der Fallstudien ist vor dem Jahr 2000 erschienen. Den zweiten Aspekt stellt die Qualität der Quelle dar. Es wurde Wert darauf gelegt, möglichst Artikel hochwertiger Journale zu verwenden. Desweiteren wurde darauf geachtet, Fallstudien mit Unternehmen aus verschiedenen Branchen zu verwenden um eine branchenübergreifende Anwendbarkeit des Frameworks zu gewährleisten.

Insgesamt wurden 15 Fallstudien aus acht Artikeln ausgewertet. In den Fallstudien wurden unterschiedliche Bereiche des Offshoring schwerpunktmäßig behandelt.

3.2 Überblick Fallstudien

Im Folgenden wird eine Übersicht der verwendeten Fallstudien gegeben. Die Fallstudien sind dabei abhängig ihres Schwerpunktes in verschiedene Kategorien eingeteilt worden. Die Namen der jeweiligen Unternehmen stellen teilweise bereits in den Artikeln verwendete Pseudonyme dar. Eine tabellarische Kurzübersicht aller Fallstudien befindet sich im Anhang der Arbeit.

---

[31] Vgl. Dibbern, Winkler, Heinzl (2008a), S.338.

3.2.1 Einstieg in Offshoring

3.2.1.1 Fallstudie 1[32]

In dieser Fallstudie werden schwerpunktmäßig Entscheidungsgründe und -prozesse vor und während des Offshorings der Bank XYZ behandelt. Der Entscheidungsprozess orientiert sich am fünf-Phasen-Modell von Dibbern.[33] Die Bank XYZ ist eine der größten italienischen Banken, die aus dem Zusammenschluss von drei bedeutenden Banken entstanden ist. Durch diesen Zusammenschluss wurde eine Integration der jeweiligen Informationssysteme notwendig. Um die dafür notwendigen IT-Kapazitäten zu schaffen, den Integrationsprozess zu beschleunigen und neuen gesetzlichen Anforderungen gerecht zu werden, entschied man sich für das Outsourcing. Kostensenkungen spielten eine weitere wichtige Rolle in der Entscheidung.

Die Bank XYZ entschied sich für das Outsourcing von Entwicklung und Pflege kompletter Anwendungen. Durch diese Entscheidung sollten Kosten, die durch Wissenstransfer verursacht werden, minimiert werden. Kleinere Projekte sollten auf Grund von Start-Kosten zunächst intern entwickelt werden.

2006 entschied sich die Bank XYZ für das Offshoring. Die Entscheidung konnte dabei bis auf eine finale Zustimmung von der IT-Abteilung eigenständig getroffen werden. Sprachbarrieren werden durch eine Standard-Sprache im Unternehmen und Übersetzer abgebaut. Offshore-Partner verwenden eigene effiziente Prozesse von der technischen Analyse bis zum Softwaretest.

Bei initialen Projekten mit Offshoring-Partnern kam es häufig zu Verzögerungen, daher sollten keine kritischen Projekte bei Aufnahme einer Partnerschaft umgesetzt werden. Probleme sind bei Verträgen mit Offshoring-Partnern aufgetreten. Durch Interpretationsmöglichkeiten kam es zu zusätzlichen Kosten wie Transfer- und Kommunikationskosten. Dieses Problem konnte mit Hilfe von detaillieren Verträgen gelöst werden. Weitere Probleme bestanden in der Kommunikation, Koordination und Auffassung von Geschäftsprozessen.

Mit Offshoring konnten zwischen 20 und 30% Kosten gegenüber dem Outsourcing eingespart werden. Außerdem wurde eine bessere Struktur der Software festgestellt. Durch die Aufteilung von Projekten auf mehrere Offshoring-Partner vermeidet die Bank XYZ

---

[32] Vgl. zu diesem Abschnitt Previtali (2010).

[33] Vgl. Dibbern (2004), S. 15.

zudem eine Abhängigkeit von einem der Partner. 2008, im letzten Jahr der Integration, wurde die Hälfte des IT-Aufwandes Offshore verrichtet.

3.2.1.2 Fallstudie 2[34]

Anhand einiger Offshore-Projekte des Biotechnologie-Unternehmens Biotech arbeiten Lacity und Rottman 20 Tipps aus, die den Einstieg ins Offshoring erleichtern sollen. Biotech entschied sich für Offshoring, da Kosten gespart werden sollten und besonders im IT-Bereich hohe Kosten vorlagen.

Um einen Überblick über mögliche Kosteneinsparungen zu bekommen, erkundigte sich Biotech zuerst bei anderen Unternehmen, die schon Erfahrung mit Offshoring hatten. Zudem wurde ein Berater hinzugezogen und drei Mitarbeiter nach Indien gesandt, wo sie vom Offshoring überzeugt wurden. Nachdem die Managementebene überzeugt war, wurde ein Program Management Office gegründet und Biotech startete 17 Offshoring-Projekte unterschiedlicher Größe mit vier indischen Entwicklungsfirmen. Mit den Pilot-projekten sollten zuerst Erfahrungen im Offshoring gemacht werden. Kosteneinsparun-gen waren zunächst nicht eingeplant. Die Projekte unterschieden sich in Größe, Art und Arbeitsaufwand. Teilweise wurden gleich Teile von Projekten an unterschiedliche Fir-men verteilt um einen direkten Vergleich der Partner zu erhalten. Alle Projekte hatten zu Beginn einige Probleme, am Ende der Frist konnten jedoch fast alle Projekte pünkt-lich abgeschlossen werden. Biotech entschied sich für die weitere Zusammenarbeit mit zwei der vier Unternehmen. Insgesamt konnten trotz günstiger Programmierer kaum Kosten gespart werden. Dafür hat Biotech wertvolle Erfahrungen sammeln können. Im nächsten Schritt, der jedoch nicht Thema der Fallstudie ist, werden auch Kosteneinspa-rungen erhofft.

Ausgearbeitet wurden 20 Tipps, die das Offshoring erleichtern sollen, welche in ver-schiedene Kategorien eingeteilt wurden. Diese Tipps behandeln das Sammeln von Er-fahrungen, Vorbeugung von Risiken, effektive Zusammenarbeit, sowie das Erreichen von Kosteneinsparungen unter der Bedingung einer gleich bleibenden Produktqualität.

---

[34] Vgl. zu diesem Absatz Rottman, Lacity (2004).

3.2.2 Kulturelle Unterschiede

3.2.2.1 Fallstudien 3 - 8[35]

In dieser Fallstudie werden kulturelle Probleme beim Offshoring von deutschen Firmen nach Indien untersucht. Betrachtet werden dabei 6 verschiedene Unternehmen, die während ihrer Offshore-Projekte kulturelle Unterschiede feststellen konnten. Als Pseudonyme werden dabei Logis 1, Tele 1, Insur 1, Finance 1, Bank 1a und Bank 1b verwendet, wobei Bank 1a und Bank 1b das gleiche Unternehmen sind, jedoch mit zwei unterschiedlichen Projekten. Die Projekte unterschieden sich in Größe, Art des Offshoring und Offshoring-Land. Logis 1, Tele 1, Bank 1a und Finance 1 wählten das Onsite-Offshore-Modell, bei dem einige Mitarbeiter des Offshore-Partners beim Auftraggeber vor Ort arbeiten. Bank 1b und Insur 1 verlagerten das gesamte Projekt ins Ausland. Auch bei der Anzahl der Entwickler gibt es Unterschiede. So arbeiteten bei Bank 1a nur 9, bei Tele 1 hingegen insgesamt 80 Leute an den Projekten. Als Grund für Offshoring gaben alle Unternehmen erhoffte Kosteneinsparungen an.

Im Fokus der Studie steht, in welcher Form die Qualität der Beziehung zwischen Kunde und Entwickler Auswirkung auf den Erfolg des Projektes hat und welche kulturellen Aspekte zur Verbesserung beachtet werden müssen. Die Autoren gehen davon aus, dass Vertrauen, Entwicklerleistung und Kooperation einen positiven Einfluss auf den Erfolg des Offshore-Projektes haben, Konflikte dagegen einen negativen.

Um entscheidende kulturelle Differenzen zu ermitteln haben die Autoren Interviews mit Mitarbeitern der Managementebene geführt. Aufgeteilt werden die kulturellen Unterschiede in die Dimensionen Individualismus / Kollektivismus, Power Distance, Aktiv / Passiv, Kommunikationsart und Entwickler Werte. Sind die Unterschiede in den Dimensionen zu groß, kann es zu Konflikte kommen, wodurch die Qualität der Beziehung verschlechtert wird und somit auch den Erfolg des Projektes gefährdet.

In der Analyse der Interviews werden die Probleme beschrieben, die in bei mehreren Projekten aufgetreten sind, interpretiert und einer Dimension zugeordnet, sofern dies möglich war.

Aufgefallen sind Übereinstimmungen der Aussagen, dass die indischen Programmierer nicht „nein" sagen, die Entwickler in Deutschland und Indien verschiedene Vorgehensweisen haben und in verschiedenen Kulturen unterschiedlich mit Kritik umgegangen

---

[35] Vgl. zu diesem Abschnitt Dibbern, Winkler, Heinzl (2001).

wird. Zudem gab es noch einige individuelle Themen der Unternehmen, wie Exzessive Dokumentation, offene Teambesprechungen und das Wiederholen von Aussagen in der Unternehmenshierarchie. Dass die Offshore-Entwickler nicht „nein" sagen, erwähnten alle Unternehmen außer Bank 1a. Zurückgeführt wird es auf die Power Distance in Indien. Die Differenz der Macht zwischen Vorgesetzten und Untergebenen ist in Indien größer als in Deutschland, weshalb dem Vorgesetzten nicht widersprochen wird.

Auch der Umgang mit Kritik und das Wiederholen von Aussagen über verschiedene Stufen der Unternehmenshierarchie werden den unterschiedlichen Positionen in der Power Distance-Dimension zugeordnet. Dass die Offshore-Entwickler verschiedene Vorgehensweisen haben wird auf die Dimensionen Power Distance, Aktivität und verschiedene Werte der Designer zurückgeführt.

Für den erfolgreichen Umgang mit den kulturellen Unterschieden werden drei Schlüsselelemente genannt.

Rollen und Arbeitsmethoden sollen klar definiert sein. Alle Unternehmen hatten bereits Projektmanager eingeplant und die Art der Kommunikation mit dem Offshore-Partner geklärt. Ein Ansprechpartner mit fester Rolle auf den verschiedenen organisatorischen Ebenen entwickelte sich erst während des Projektes. Durch die festen Rollen und Arbeitsmethoden wird die Kooperation der Unternehmen gesteigert. Dies kommt dem Erfolg des Offshore-Projektes zugute.

Eine starke Führung der indischen Teams bewies sich als kooperationsfördernd. Der Projekterfolg wurde hierdurch gesteigert. Der Projektmanager von Bank 1b versuchte zunächst eine lockere Führung der Teams, musste aber letztendlich selber die führende Rolle einnehmen und den Entwicklern Aufgaben zuweisen. Die persönliche Führung und die Betrachtung der Entwickler als Team sorgen für eine offenere Teamatmosphäre, so dass auch die zurückhaltenden Entwickler sich trauen, Ideen einzubringen. Zudem wird festgestellt, dass bei einer genauen Spezifikation die indischen Programmierer effizienter arbeiten und somit die Leistung des Offshore-Partners gesteigert wird. Die Spezifikationen sollten aber nicht nur die Programmierer, sondern auch die Tester und Organisationskräfte einschließen.

Als dritter Punkt wird der Umgang mit kulturellen Differenzen benannt. Hierbei wählten die Unternehmen unterschiedliche Wege um Konflikte zu vermeiden. Der Projektmanager von Logis 1 besteht auf eine Anpassung der Onsite-Entwickler an die Kultur des Klienten. Sie sollen lernen, Fragen zu stellen und nicht immer alles bejahen.

Der Projektmanager von Bank 1a dagegen stellt sich etwas auf die Gewohnheiten der indischen Kultur ein und verzichtet auf offene Teambesprechungen, da die indischen Entwickler nicht gerne offen in Besprechungen reden (Power Distance). Entscheidungen und der Umgang mit Problemen werden dem Team selber überlassen.

Die IT-Abteilung von Finance 1 sieht sich als intermediär zwischen den indischen Entwicklern und den deutschen Geschäftseinheiten. Sie achtet darauf, dass die Entwickler sich mit den Aufgaben nicht überfordern.

3.2.2.2 Fallstudie 9[36]

Nicholson und Sahay beschreiben in dieser Fallstudie die Beziehung des britischen Softwareentwicklers „Gowing" und dem indischen Offshore-Partner „Eron". Dabei gehen sie auf die kulturellen und unternehmenspolitischen Unterschiede und den daraus resultierenden Problemen der globalen Softwareentwicklung ein. Gowing entschied sich für Offshoring, weil es auf dem britischem Arbeitsmarkt kaum geeignete neue Entwickler gibt und die Entwicklungskosten drastisch gesenkt werden könnten. Gowing betont aber, dass der größere Programmiererpool der Hauptgrund war.

Die Beziehung zwischen Gowing und Eron hat sich langsam entwickelt. Gowing holte vier Entwickler aus Indien nach Großbritannien um die Entwicklung eines Produktes voranzubringen.

Als erstes wurden Erons Methoden getestet und analysiert. Eron nutzt international standardisierte Methoden für die Entwicklung und Qualitätssicherung, die Gowing ansprechend fand. Nach einiger Zeit wurde ein Projektmanager aus Indien hinzugezogen, der fortan das Projekt übernahm und weiterhin betreute. Zum Füllen der Lücke von Programmierern wurden immer mehr Leute von Eron eingebunden, bis schließlich auch das zweite Projekt vollständig von Eron übernommen wurde.

Die britischen Entwickler sahen das Programmieren als eine Art der Kunst an. Daher wurde kein großer Wert auf Spezifikationen und Dokumentation gelegt. Anders hielten es die indischen Programmierer, die vor der Erstellung des Quellcodes exakte Spezifikationen benötigen.

---

[36] Vgl. zu diesem Abschnitt Nicholson, Sahay (2001).

Dem Management gefielen die disziplinierten Programmierer und deren strukturierten und bürokratischen Methoden so gut, dass die Methoden auf das gesamte Unternehmen übertragen wurden. Durch die Standardisierung des Entwicklungsprozesses sind die Entwickler gezwungen zu dokumentieren und bestimmte Methoden zur Entwicklung zu nutzen. Diese sind nun besser zu kontrollieren und austauschbar.

In der Fallstudie werden einige kulturelle Unterschiede erwähnt, die Gowing während der Zusammenarbeit mit Eron aufgefallen sind.

Die indischen Entwickler traten nicht bestimmend auf, sondern passten sich eher den Meinungen anderer an, besonders wenn diese von einer Autoritätsperson stammt. Das Verhalten der Inder war meist auch eher zurückhaltend, obwohl diese in Indien eher autoritär sind. Außerdem ist aufgefallen, dass die Inder nicht „nein" sagen, auch wenn zum Beispiel eine Deadline nicht eingehalten werden kann. Zurückführen könnte man dieses Verhalten auf das Kastensystem und dem damit verbundenen sozialen Einstellungen. Das Verhalten gegenüber Personen einer höheren Kaste ist respektvoll und demütig. Auch das Verhältnis zwischen Führungskraft und Untergeordneten ist in Indien anders. Man sieht dort die Führungskraft als freundlich und den Mitarbeiter als demütig an.

Auch in unternehmenspolitischer Sicht sind Unterschiede aufgefallen. Die Eigenschaft, ohne Spezifikation keinen Quellcode zu programmieren, wurde von Gowing übernommen, genau wie die strukturierten Methoden und den Zwang zur ausführlichen Dokumentation. Die Entwicklung wurde insgesamt auf ein standardisiertes Niveau gebracht, indem die Methoden als „Power Ressource" angesehen werden. Durch die Standardisierung sind auch Programmierer austauschbar und benötigen eine kürzere Einarbeitungszeit in Projekte.

Das Offshoring war für Gowing trotz einiger kultureller Unterschiede ein Erfolg. Durch den Schritt zur Globalisierung stehen mehr Optionen offen als zuvor. Auf dem weltweiten Markt gibt es eine größere Anzahl fähige Programmierer, mehr Zeit, mehr kreative Köpfe und mehr Methoden als nur in Großbritannien.

3.2.3 Kooperation mit dem Offshore-Partner

3.2.3.1 Fallstudie 10 - 12[37]

Heeks, Krishna, Nicholson und Sahay vertreten in dieser Fallstudie die Ansicht, dass Unternehmen beim Offshoring mit ihrem Partner synchronisieren müssen um Projekte innerhalb des Budgets und der geplanten Zeit fertig zu stellen. Anhand der Unternehmen Ameriten, Global und Sierra wird untersucht, ob Kongruenzen in den sechs betrachteten Dimensionen mit dem Offshore-Partner zu einem besseren Ergebnis führen. Die Dimensionen, in denen sich Unternehmen und Offshore-Partner laut Autoren annähern sollten, sind Technologie, Koordinations- und Kontrollsysteme, Grundsätze und Werte, Kernfähigkeiten, Prozesse und Informationen. Die Beziehungen der Unternehmen zu ihren Offshore-Partnern waren unterschiedlich.

Ameriten und der indische Geschäftspartner Pradsoft hatten einige Übereinstimmung in Information und Technologie, aber sonst kaum Kongruenzen. Am größten war die Differenz in den Zielen der beiden Unternehmen. Pradsoft wünschte eine feste Partnerschaft in der Informationen und Wissen ausgetauscht werden. Ameriten hatte kein Interesse an Wissenstransfer und auch in anderen Dimensionen passten die Unternehmen nicht zusammen. Kernfähigkeiten wurden nicht gebildet und nach 2 Jahren endete die Partnerschaft aufgrund mangelnder Synergien.

Anders sah die Beziehung zwischen Global und dem Offshore-Partner Shiva aus. Global arbeitete konstant daran, Kongruenzen zu schaffen, was ihnen, zumindest in den messbaren Dimensionen wie Technologie und Prozesse auch gelang. Für jedes Projekt wurden genaue Spezifikationen und Methoden festgelegt und um die Synchronisierung zu unterstützen wurden persönliche Treffen eingeführt. Diese scheinen effektiver zu sein, als IT-Mediale Lösungen, wie z.B. Videokonferenzen. Durch Schulung von Shivas Entwicklern in den Methoden von Global, wurden Kongruenzen in Bereich der Prozesse, Grundsätze und Werte erreicht. Auch Karrierewege und Kontrollsysteme wurden versucht anzupassen. Bei den Koordinations- und Kontrollsystem gab es allerdings Probleme. Es war viel Aufwand nötig, um die indischen Projektmanager dazu zu brin-

---

[37] Vgl. zu diesem Abschnitt Heeks u.a. (2001).

gen, monatlich Berichte zu verfassen oder Shivas Mitarbeiter von einer Umfrage über Zufriedenheit zu überzeugen.

Mit der Umstellung seitens Global auf webbasierte Modelle und Anwendungen entfernten sich die Unternehmen voneinander, da Shiva bei ihrem Altsystem verblieb.

Bei Sierra, einem kleinen britischen Softwarehersteller, war man zu Anfang des Offshorings sehr optimistisch, einen Partner mit vielen Kongruenzen gefunden zu haben. Schnell wurde ein Entwicklungszentrum in Indien eingerichtet, welches die Synchronisierung unterstützen sollte. Dieses hatte aber unausgereifte Businesspläne als Grundlage. Sierra schaffte es, einige Kongruenzen herzustellen. So richtete man Hochgeschwindigkeits-Kommunikationsmittel und Videokonferenzen ein und erklärte dem Offshore-Partner das eigene Koordinations- und Kontrollsystem. Aufgrund des zu großen Optimismus lagerte man ganze Projekte aus und überlies sogar dem Offshore-Partner teilweise die Arbeit mit den Kunden.

Geografische Distanz, kulturelle Unterschiede und sprachliche Probleme wurden einfach ignoriert. Einige der Projekte waren zwar erfolgreich, besonders wenn indische Entwickler beim Klienten waren und die Anforderungsanalyse vorgenommen haben. Die Probleme waren auf Dauer aber zu gravierend um ignoriert zu werden. Videokonferenzen konnten persönliche Treffen nicht ersetzen und auch die kulturellen Unterschiede wurden problematisch. So bestehen bei Briten und Indern unterschiedliche Ansichten zum Thema Autorität oder dem Einhalten von Deadlines. Da auf Dauer keine Kongruenzen erreicht wurden, schlug die Partnerschaft fehl.

3.2.3.2 Fallstudie 13[38]

Financial Insurance Services Company (FISC) ist ein großer Finanzdienstleister in den USA, der seit vielen Jahren Offshoring mit einem CMM Level 5 zertifizierten Unternehmen in Indien betreibt. Die Kooperation der beiden Unternehmen wird als Cosourcing bezeichnet, welches eine besonders enge Zusammenarbeit beschreibt. Der Schwerpunkt dieser Fallstudie liegt auf der Entwicklung dieser Zusammenarbeit.

1996 entschied sich FISC auf Grund eines gestiegenen IT-Arbeitsvolumens für das Offshoring. Zunächst wurde jedoch nur ein kleines Pilotprojekt offshore entwickelt,

---

[38] Vgl. zu diesem Abschnitt Kaiser, Hawk (2004).

welches sehr erfolgreich verlief. Es gab für das Offshore-Partnerunternehmen einen Ansprechpartner, der jedoch zu Beginn zu technisch geprägt war. Zur Stärkung der Kooperation arbeiteten FISC Mitarbeiter beim Offshore-Partner und umgekehrt, in der Regel über einen Zeitraum von drei Monaten. Um kulturelle Probleme zu vermeiden wurden Schulungen angeboten, in denen die Mitarbeiter über Unterschiede und Gemeinsamkeiten in den Kulturen aufgeklärt wurden. Auch einige höhere Angestellte kamen zu FISC, so dass die Manager zusammen arbeiten konnten.

Durch das Offshoring traten eine Reihe Probleme auf. Zunächst hatten die internen IT-Mitarbeiter Sorge um ihre Arbeitsplätze, welche ihnen jedoch durch eine feste Begrenzung des Offshoring-Anteils am IT-Arbeitsvolumen genommen werden konnte. Außerdem fehlten im Laufe der Zeit den internen Mitarbeitern einige Fähigkeiten, da die Arbeit Offshore erledigt wurde. Es wurde ein Schulungsplan für jeden IT-Mitarbeiter entwickelt, damit er diese Fähigkeiten erlernen kann. Ein weiteres Problem war das Risiko, vom Offshoring-Partner abhängig zu werden.

Im Rahmen des Cosourcings wurden ein Wissenstransfer vom Offshoring-Partner zu FISC, sowie eine Projekt-Management-Struktur geschaffen, die aus Mitarbeitern beider Unternehmen besteht. Mitarbeiter von FISC arbeiteten mit denen des Offshoring-Partners zusammen um von diesen zu lernen. Dem Offshore-Partner wurde mehr Verantwortung übertragen.

Es wurde festgestellt, dass die Kommunikation erhöht werden muss, und daher eine duale Projekt Management Hierarchie entwickelt. In dieser wird geregelt, wie die Personal- und Kommunikationsstrukur innerhalb gemeinsamer Projekte aufgebaut ist. In diesem wurde auch festgelegt, welche Fähigkeiten Mitarbeiter auf den einzelnen Führungsebenen benötigen. Dies vereinfachte die Erstellung der individuellen Schulungspläne und verminderte das Risiko vom Offshoring-Partner abhängig zu werden.

FISC machte mit dem Offshoring sehr gute Erfahrungen. Es konnten große Kosteneinsparungen erreicht werden. Die gemeinsamen Projekte lieferten alle qualitativ hochwertige und pünktliche Ergebnisse. Dennoch werden einige Projekte weiterhin intern ausgeführt.

3.2.4   Globale Entwicklung

3.2.4.1   Fallstudie 14[39]

Die Fallstudie behandelt Offshoring-Erfahrungen von Alcatel, einem großen Unternehmen aus der Telekommunikationsbranche. Die Software-Entwicklung findet in global verteilten Entwicklungszentren statt, die jedoch Alcatel angehören. Gründe hierfür sind vor allem die Erschließung von neuen Märkten, sowie mangelnde Fachkräfte auf dem Heimatmarkt. Die Mehrheit der Entwicklungszentren sind CMM Level 2 zertifiziert, einige sogar Level 3. Im Rahmen dieser Fallstudie wurden über Jahre unterschiedliche Projekte beobachtet.

Es gibt einen Projektleiter, der für die Erreichung der Ziele des jeweiligen Projekts verantwortlich ist. Beim Start neuer Projekte werden diese in funktionale Bereiche unterteilt, welche in die Verantwortung von unterschiedlichen Entwicklergruppen, die optimaler Weise sogar im selben Raum arbeiten, gegeben werden. Ein detaillierter Projektplan wird entworfen und die Projektziele, wie Qualität oder Meilensteine, den Entwicklern mitgeteilt. Diese Gruppen sollten während der Entwicklung nicht in andere Projekte eingebunden werden und bestehen auf Teammitgliedern aus verschiedenen Ländern und Bereichen, so beinhaltet jedes Team beispielsweise auch Tester. Hierdurch wird eine erhöhte Effektivität erreicht indem die jeweiligen Aufgaben auf verschiedenen Blickwinkeln betrachtet werden.

Während des Projekts wird großer Wert auf ständige Kommunikation gelegt und den Entwicklern werden Rollen zugewiesen, um eine klare Aufgabenteilung und Verantwortung zu gewährleisten. Um Risiken zu minimieren wird der Projektleitung regelmäßig Bericht über den aktuellen Stand der Entwicklung erstattet. Es wurden effektive Tools entwickelt, wie etwa für Sicherungskopien des Quellcodes eingeführt, da bisherige Tools nicht ausgereift genug waren. Außerdem wurden intensive Tests der Software durchgeführt und regelmäßig stabile Builds erstellt. Global werden einheitliche Prozesse, Methoden und Terminologie verwendet.

Wichtige Entscheidungen, wie Meilensteine oder Tests, werden in einer Zentrale getroffen. Zur Information des Managements gibt es eine Online-Dokumentation von Arbeitsabläufen und dem Projektfortschritt in Form von zum Beispiel Kennzahlen.

---

[39] Vgl. zu diesem Abschnitt Ebert, De Neve (2001).

Es wird großen Wert auf das Betriebsklima gelegt. Mit großem Aufwand wird erreicht, dass sich die Mitarbeiter mit dem Unternehmen und dessen Zielen identifizieren können. Als Firmensprache wurde für eine einfachere globale Kommunikation Englisch gewählt. Trotzdem kommt es zu sprachlichen Barrieren, da Mitarbeiter aus verschiedenen Ländern unter demselben Begriff häufig verschiedene Dinge verstehen.

Besonders hervorgehoben als Vorteil globaler Software-Entwicklung wird der hohe Grad an Innovativität, der durch Entwickler mit verschiedenen kulturellen Hintergründen erreicht wird.

Auf dem Weg zu dieser erfolgreichen globalen Software-Entwicklung musste Alcatel sich jedoch auch verschiedenen Problemen stellen. Zu diesen zählen unvorhergesehene Kosten, fehlende Tools, kulturelle Unterschiede, Sprachprobleme, sowie der Aufbau der Fähigkeiten von Mitarbeitern.

3.2.4.2 Fallstudie 15[40]

Behandelt wird in dieser Fallstudie die Entwicklung des Betriebssystems Windows Vista des Softwareherstellers Microsoft, welches in Entwicklungszentren in Nordamerika, Europa und Asien von mehreren tausend Mitarbeitern entwickelt wurde. Der Fokus liegt dabei auf der Qualität global entwickelter Software im Vergleich zur lokalen Entwicklung. Diese wurde anhand von Fehlern gemessen, die nach der Veröffentlich des Produkts auftraten, da diese am meisten Kosten verursachen und die Sicht der Kunden auf Produkt und Hersteller am stärksten beeinflussen. Herausgefunden wurde, dass die Qualität global entwickelter Software bei gleichem Komplexitätsgrad des Quellcodes nicht schlechter ist.

Um einen optimalen globalen Entwicklungsprozess zu gewährleisten wurden verschiedene Maßnahmen getroffen. Alle Entwicklungszentren arbeiteten bereits seit Jahren zusammen und verwendeten die gleichen Prozesse und Tools. Gehälter und sonstige Leistungen sind an allen Standorten äquivalent. Um kulturelle Differenzen zu minimieren wurden zu Projektbeginn erfahrene Programmierer aus den USA, die häufig indischer Herkunft waren, nach Indien versetzt. Während der Entwicklung wurde darauf geachtet, dass die Entwickler nicht zwischen verschiedenen Entwicklungsteams wechseln und ihnen große Verantwortung im Entwicklungsprozess zugesprochen.

---

[40] Vgl. zu diesem Abschnitt Bird u. a. (2009).

Um eine regelmäßige synchrone Kommunikation, zum Beispiel in Form von Telefonkonferenzen, zu ermöglichen, fingen Entwickler früh an zu arbeiten bzw. arbeiteten bis später als üblich. Hierdurch konnte der Zusammenhalt des Teams gestärkt und Risiken früh erkannt werden. Für wichtige Besprechungen reisten die Entwickler außerdem zwischen den Entwicklungszentren.

Während des Projekts gab es feste Termine, wie beispielsweise Meilensteine, die für alle Entwickler identisch waren. Die Zusammenarbeit konnte dadurch verbessert werden.

3.3 Framework für Unternehmen

Im Folgenden werden Hilfen und Richtlinien für Unternehmen gegeben, die das Unternehmen dabei unterstützen können, erfolgreich Offshoring zu betreiben. Diese wurden in sechs verschiedene Kategorien eingeteilt.

3.3.1 Voraussetzungen und Vorbereitung

3.3.1.1 Einstellung

Dem Unternehmen muss von vorneherein wissen, dass es nicht direkt Kosten einsparen wird, nur weil die Kosten für die Programmierer in dem Offshoreland geringer sind. Zu Beginn der Partnerschaft müssen sich die Unternehmen auf die andere Seite einstellen, wobei es zu erheblichen zusätzlichen Kosten kommen kann.[41]

Das Unternehmen muss bereit sein, Zeit und Geld in die Beziehung zu investieren um eine dauerhafte Partnerschaft zu ermöglichen.[42]

Zudem darf man nicht dem Irrglauben verfallen, dass geografische und kulturelle Distanzen in der heutigen Zeit und der heutigen Technologie keine Rollen mehr spielen.[43]

3.3.1.2 Technik

Bevor das Offshoring beginnt sollte sich das Unternehmen, über die eigenen technischen Mittel Gedanken machen. Sind die eigenen Prozesse und Methoden standardisiert? Gibt es ein geeignetes Managementprogramm, welches der Offshore-Partner ggf.

---

[41] Vgl. Dibbern, Winkler, Heinzl (2008a), S.337.

[42] Vgl. Heeks u.a. (2001), S.55-56.

[43] Vgl. Heeks u.a. (2001), S. 57.

mitnutzen kann? Auch an ein System zur Kontrolle des Offshore-Partners sollte vorhanden sein. Dieses müsste allerdings mit den Entwicklern festgelegt werden.

3.3.1.3 Organisation

Offshoring bringt auch schon vor dem Start einiges an organisatorischen Aufwand mit sich. Um unternehmensinterne Probleme zu vermeiden, sollte noch vor dem Start Klarheit über das Offshoring und den damit verbundenen neuen Aufgaben bei den Stakeholdern und Angestellten herrschen. Ansonsten könnte sich jemand übergangen fühlen, womit sich das Betriebsklima verschlechtern kann.[44] Um unnötige Missverständnisse während des Projektes zu vermeiden, sollte vorher klar sein, wer für was verantwortlich ist und als Ansprechperson dient. Auch sollte sich das Unternehmen überlegen, welche Projekte offgeshored werden sollen, Kernprozesse sollten nur im eigenen Haus genutzt werden und nicht an den Partner rausgegeben werden. Auch über die Art des Offshoring sollte sich das Unternehmen Gedanken machen. Kleinere Projekte, bei denen weniger Absprache benötigt wird, können ganz zum Offshore-Partner geoffshored werden. Bei größeren Projekten lohnt sich die Onsite-Offshore Variante mehr, da Absprachen und Spezifikationen besser persönlich zu führen sind. Ist nach der Entwicklung eine größere Integration des Systems nötig, so lohnt sich die Onsite-Onshore-Offshore Variante. Zur Vorbereitung auf das Offshoren, kann das Konsultieren eines externen Beraters mit Erfahrung im Offshoring auch durchaus lohnen und sollte bedacht werden.

3.3.2 Wahl des Offshore-Partners

Bei der Wahl des Offshore-Partners sollte mit Vorsicht vorgegangen werden. Unter Umständen ist es sinnvoll einen externen Berater einzubeziehen, der bereits Erfahrung mit ausländischen Softwareentwicklern gemacht hat.[45] Um erste Erfahrungen mit den ausgewählten Unternehmen zu machen, lohnt es sich, Pilotprojekte zu starten, deren Fokus zunächst nicht auf einer Kostenreduzierung liegt. Die Pilotprojekte sind nützlich, um Informationen über Einhaltung von Deadlines, Budgetierung und kulturelle Unterschiede zu bekommen.[46]

---

[44] Vgl. Rottman, Lacity (2004), S.120.

[45] Vgl. Rottman, Lacity (2004), S.122.

[46] Vgl. Rottman, Lacity (2004), S.123.

Für die endgültige Wahl des Offshore-Partners ist es wichtig, dass beide Unternehmen die gleichen Ziele verfolgen und sich technisch auf einem möglichst ähnlichen Level befinden. Um eine feste Partnerschaft aufzubauen, diese weiter zu entwickeln und zu pflegen, sollte das Unternehmen Zeit und Geld für die Beziehung investieren, da sie sich trotz anfänglicher Kongruenzen wieder voneinander entfernen können.[47] Bei Abschluss eines Vertrages sollte das Unternehmen darauf achten, dass dieser so interpretationsfrei wie möglich ausformuliert wird. Außerdem sollte anstatt der Einführung eines Stundenlohns für die Entwickler ein fester Gesamtpreis für das Projekt vereinbart werden.[48]

3.3.3 Management und Koordination

Während eines Offshoring-Projekts sollte das Unternehmen verschiedene Aspekte im Bereich des Managements der Mitarbeiter und Entwicklerteams und der Kommunikation beachten.

3.3.3.1 Mitarbeiter und Entwicklerteams

Mitarbeiter des Offshoring-Partners müssen häufig in verschiedenen Bereichen, wie zum Beispiel dem Erstellen von Berichten, geschult werden.[49] Aber auch die internen Mitarbeiter müssen geschult werden. Auch diese müssen die Prozesse und Methoden während der Entwicklung beherrschen. Durch die Arbeit der Mitarbeiter des Offshoring-Partners besteht außerdem das Risiko, dass die Entwicklung von speziellen Fähigkeiten der internen Mitarbeiter nicht ausreichend gefördert wird. Hier bieten sich Schulungen für diese an, welche auch von den Mitarbeitern des Offshoring-Partners durchgeführt werden können.[50] Zusätzlich sollte ein Austausch von Mitarbeitern stattfinden. Einige der internen Mitarbeiter arbeiten während des Projekts beim Offshoring-Partner und einige dessen Mitarbeitern im eigenen Unternehmen.[51] Neben einer besseren Zusammenarbeit wird die Entwicklung der eigenen Mitarbeiter gefördert.

---

[47] Vgl. Heeks u.a. (2001), S. 56.

[48] Vgl. Previtali (2006), S.46.

[49] Vgl. Rottman, Lacity (2004), S.127.

[50] Vgl. Kaiser, Hawk (2004), S. 73-76.

[51] Vgl Ebert, De Neve (2001), S. 68.

Während der Entwicklung sollten die Mitarbeiter ausschließlich an einem Projekt arbeiten, um diesem die volle Aufmerksamkeit widmen zu können.[52] Jedem Entwicklerteam sollte die Verantwortung übertragen werden, spezielle Funktionen zu entwickeln.[53] Die Entwicklerteams sollten multifunktional sein, so haben beispielsweise Tester eine andere Sicht auf das Projekt als Programmierer.[54]

3.3.3.2 Kommunikation

Um bestmögliche Ergebnisse zu erreichen, sollten die Entwickler der einzelnen Entwicklerteams im selben Gebäude arbeiten. Hierdurch kann eine direkte Kommunikation zwischen den Teammitgliedern erreicht werden, welche effektiver als Chats oder Videokonferenzen ist.[55] Es sollten regelmäßige Besprechungen stattfinden, damit alle Beteiligten über den Stand des Projektes informiert sind. Auch diese Besprechungen sollten, wenn möglich, anstelle von Videokonferenzen, an einem Ort stattfinden.[56] Die Mitarbeiter sollten klar definierte Ansprechpartner besitzen.[57] Insgesamt sollte auf eine regelmäßige Kommunikation Wert gelegt werden.

3.3.4 Kultur

Mit dem offshoren der Entwicklung in ein anderes Land und damit in eine andere Gesellschaft, wird das Unternehmen an verschiedenen Stellen auf kulturelle Unterschiede treffen. Um den daraus resultierenden Konflikten vorzubeugen, lohnt sich die Unterweisung der eigenen Mitarbeiter in die Kultur des Offshore-Partners. Diese Aufklärung sollte mithilfe von Schulungen und persönliche Treffen mit den ausländischen Entwicklern betrieben werden.[58]

Auch ein Austausch der Mitarbeiter kann zum Verständnis der Kultur des Offshore-Partners beitragen. Um Unterschiede zu verstehen und sich darauf vorzubereiten, könnte

---

[52] Vgl. Ebert, De Neve (2001), S. 68.

[53] Vgl. Ebert, De Neve (2001), S. 63 und Bird u. a. (2009), S. 88.

[54] Vgl. Kaiser, Hawk (2004), S. 70.

[55] Vgl. Rottman, Lacity (2004), S. 271.

[56] Vgl. Heeks u.a. (2001), S.57.

[57] Vgl. Winkler , Dibbern, Heinzl (2008), S.252.

[58] Vgl. Winkler, Dibbern, Heinzl (2008b), S. 253.

auch ein externer Berater hinzugezogen werden. Diesem kämme die Aufgabe zuteil das Unternehmen bei Verhandlungen und der Aufklärung über die fremde Kultur unterstützen. In den Fallstudien 3-8 und 9, in denen die Entwicklung nach Indien verlagert wurde, wird des Öfteren erwähnt, dass die indischen Entwickler Probleme damit haben, ihren Vorgesetzten zu widersprechen. Solche Probleme sollten in Erfahrung gebracht werden und falls möglich beseitigt, da es sonst in größeren kommunikativen Konflikten resultieren kann. Auch das Verhalten der Offshore-Arbeiter kann sich von dem gewohnten Verhaltensmuster unterscheiden. So verhalten sich in Indien autoritäre Führungskräfte beim Unternehmen eher demütig.[59] Frühzeitiges Informieren über wesentliche kulturelle Unterschiede, wie dem indischen Kastensystem, sollte also so zeitnah wie möglich stattfinden.

3.3.5 Qualität der Software

Um eine hohe Qualität der Software zu erhalten, welche offshore entwickelt wurde, sollte ein Unternehmen einige Aspekte beachten.

Zunächst sollte das Unternehmen grundsätzlich versuchen, seine Prozesse, speziell in der Software-Entwicklung, zu optimieren und CMM auf Level 5 anstreben. Offshore-Partnerunternehmen sollten mindestens CMM auf Level 3 zertifiziert sein.[60] Dessen Mitarbeiter müssen zu Beginn der Zusammenarbeit die Prozesse und Methoden des Unternehmens kennenlernen. Auf beiden Seiten sollten einheitliche Arbeitsmethoden verwendet werden.

Vor der Implementation sollte eine detaillierte Spezifikation der zu entwickelnden Software und deren Funktionen erstellt werden. Die Software muss während der gesamten Entwicklungszeit umfassend dokumentiert werden. Die einzelnen Entwicklerteams bestehen optimaler Weise aus Entwicklern mit verschiedenen Schwerpunkten.[61] So können beispielsweise Tester einen anderen Blick auf das Projekt werfen und mögliche Fehlerquellen frühzeitig identifiziert werden.

Es gibt verschiedene Möglichkeiten, das Projekt zu überwachen um eine hohe Qualität der Software zu gewährleisten. Zunächst sollten regelmäßige Berichte über den aktuel-

---

[59] Vgl. Nicholson, Sahay (2001), S.36.

[60] Vgl. Ebert, De Neve (2001), S. 68-69.

[61] Vgl. Ebert, De Neve (2001), S. 65.

len Projektfortschritt von den beteiligen Mitarbeitern angefertigt werden. Durch die Einführung entsprechender Tools besteht außerdem die Möglichkeit, jederzeit den aktuellen Entwicklungsstand einzusehen.[62]

3.3.6 Ausbau der Kooperation

Betreibt ein Unternehmen erfolgreich Offshoring mit klar definieren Prozessen und Methoden, so besteht die Möglichkeit, die Kooperation mit dem Offshoring-Partner zu intensivieren. Ein gutes Beispiel stellt hier das Cosourcing von FISC in Fallstudie 13 dar. Dabei sollte analysiert werden, in welchen Bereichen eine intensivere Zusammenarbeit von Vorteil ist und inwiefern dem Partnerunternehmen Eingriff auf Kernprozesse gewährt werden kann

Eine vertrauensvolle Beziehung zum Offshoring-Partner sollte aufgebaut und intensiv gepflegt werden. Dabei sollte jedoch darauf geachtet werden, eine Abhängigkeit zu vermeiden.[63]

Entscheidet ein Unternehmen sich gegen die Möglichkeit des Cosourcings, will jedoch weitere Teile des Unternehmens offshoren, so wird empfohlen, soweit inhaltlich möglich, die Arbeit auf verschiedene Offshoring-Partner zu verteilen.[64] Auch hier liegt die Vermeidung einer Abhängigkeit zugrunde.

4. Fazit und Ausblick

Um in der heutigen Softwareentwicklung konkurrenzfähig zu bleiben, sind Unternehmen gezwungen, sich mit Offshoring auseinander zu setzen.

Vor allem eine mögliche Reduzierung der Kosten und die Etablierung auf dem globalen Markt sind Gründe hierfür. Viele Unternehmen unterschätzen aber die Risiken und können daher kaum oder keine Kosten einsparen.

Im Rahmen dieser Arbeit wurde durch eine Analyse verschiedener Fallstudien ein grundlegendes Framework erarbeitet, welches Unternehmen bei Prozessen und Entscheidungen während und vor dem Offshoring unterstützen soll. Das Framework bietet Unternehmen einen Überblick über Schritte, die während der verschiedenen Phasen des

---

[62] Vgl. Ebert, De Neve (2001), S. 67.

[63] Vgl. Kaiser, Hawk (2004), S. 79.

[64] Vgl. Previtali (2010), S. 46.

Offshorings beachtet werden sollten um die Wahrscheinlichkeit auf einen erfolgreichen Abschluss des Projektes zu erhöhen.

Die in dieser Arbeit untersuchten Unternehmen betrieben Offshoring hauptsächlich in Indien. Außerdem wurde nicht zwischen verschiedenen Unternehmensgrößen unterschieden. Durch weitere Forschung sollte untersucht werden, inwiefern sich Unterschiede zwischen einzelnen Offshoring-Ländern, –Regionen und - Kulturen auf das Offshoring auswirken und inwiefern das Unternehmen dadurch unterschiedlich agieren muss.

Literaturverzeichnis

A.T. Kearney (2007)

A.T. Kearney: Offshoring for Long-Term Advantage. The 2007 A.T. Kearney Global Services Location Index, 2007

Amoribieta u. a. (2001)

I. Amoribieta, K. Bhaumik, K. Kanakamedala, A. D. Parkhe: Programmers abroad: A primor on offshore software development. In: THE McKINSEY OUARTERLY. Nr. 2, 2001, S. 128-139

Battin u. a. (2001)

R.D Battin, R. Crocker, J. Kreidler, K. Subramanian: Leveraging resources in global software development. In: IEEE Software. Nr. 2, Jg. 18, 2001, S. 70-77

Bird u. a. (2009)

C. Bird, N. Nagappan, P. Devanbu, H. Gall, B. Murphy: Does distributed development affect software quality? In: Communications of the ACM. Nr. 8, Jg. 52, 2009, S. 85

BITKOM (2010)

BITKOM: Markt für Outsourcing wächst wieder. http://www.bitkom.org/files/documents/PI__Outsourcing_09_09_2010.pdf, Abruf am 01.07.2011

Deutsche Bank Research (2005)

Deutsche Bank Research: Offshoring-Report 2005. Ready for Take-off. 2005

Dibbern u. a. (2004)

J. Dibbern, T. Goles, R. Hirschheim, B. Jayatilaka: Information systems outsourcing. In: ACM SIGMIS Database. Nr. 4, Jg. 35, 2004, S. 6-102

Dibbern, Winkler, Heinzl (2008a)

J. Dibbern, J. Winkler, A. Heinzl: Explaining Variations in Client extra Costs between Software Projects offshored to India. In: MIS Quarterly. Nr. 2, Jg. 32, 2008a, S. 333-366

Duden (2011)

Duden: Outsourcing. http://www.duden.de/rechtschreibung/Outsourcing, Abruf am 23.06.2011

Ebert, de Neve (2001)

C. Ebert, P. de Neve: Surviving Global Software Development. In: IEEE Software. Nr. 2, Jg. 18, 2001, S. 62-69

El Emam, Koru (2008)

K. El Emam, A. Koru: A Replicated Survey of IT Software Project Failures. In: IEEE Software. Nr. 5, Jg. 25, 2008, S. 84-90

Gadatsch (2006)

A. Gadatsch: IT-Offshore realisieren, 2006

Gopal u. a. (2003)

A. Gopal, K. Sivaramakrishnan, M. S. Krishnan, T. Mukhopadhyay: Contracts in Offshore Software Development: An Empirical Analysis. In: Management Science. Nr. 12, Jg. 49, 2003, S. 1671-1683

Hahn u. a. (2009)

Eugene Hahn, Doh, Jonathan P., K. Bunyaratavej: The Evolution of Risk in Information Systems Offshoring: The Impact of home country risk, firm learning, an competitive dynamics. In: MIS Quarterly. Nr. 3, Jg. 33, 2009, S. 597-616

Heeks u. a. (2001)

R. Heeks, S. Krishna, B. Nicholsen, S. Sahay: Synching or sinking: global software outsourcing relationships. In: IEEE Software. Nr. 2, Jg. 18, 2001, S. 54-60

Kaiser, Hawk (2004)

K. Kaiser, S. Hawk: Evolution of Offshore Software Development: From Outsourcing to Cosourcing. In: MIS Quarterly Executive. Nr. 2, Jg. 3, 2004, S. 69-81

Nicholson, Sahay (2001)

B. Nicholson, S. Sahay: Some political and cultural issues in the globalisation of software development: case experience from Britain and India. In: Information and Organization. Nr. 1, Jg. 11, 2001, S. 25-43

Phillip, Schwabe, Ewusi-Mensah (2009)

T. Phillip, G. Schwabe, K. Ewusi-Mensah: Critical Issues of Offshore Software Development Project Failures. In: ICIS 2009 Proceedings. Nr. 77, 2009, S. 1-10

Previtali (2010)

P. Previtali: Offshore IT Sourcing: Decision Making Process in an Italian Banking Group. In: Economia Aziendale Online. Nr. 1, Jg. 1, 2010, S. 41-47

Ranganathan, Krishnan, Glickman (2007)

C. Ranganathan, P. Krishnan, R. Glickman: Crafting and executing an offshore IT sourcing strategy: GlobShop's experience. In: Journal of Information Technology. Nr. 4, Jg. 22, 2007, S. 440-450

Rottman, Lacity (2004)

J. Rottman, M. Lacity: Twenty Practices for Offshore Sourcing. In: MIS Quarterly Executive. Nr. 3, Jg. 3, 2004, S. 117-130

Rottman, Lacity (2008)

J. Rottman, M. Lacity: A US Client's learning from outsourcing IT work offshore. In: Information Systems Frontiers. Nr. 2, Jg. 10, 2008, S. 259-275

Suchitra, Sabyasachi, Suchitra (2006)

S. Suchitra, S. Sabyasachi, S. Suchitra: Offshore and Nearshore ITO and BPO Salary Report. ,2006

Winkler, Dibbern, Heinzl (2008b)

J. Winkler, J. Dibbern, A. Heinzl: The impact of cultural differences in offshore outsourcing—Case study results from German–Indian application development projects. In: Information Systems Frontiers. Nr. 2, Jg. 10, 2008b, S. 243-258

Anhang

Anhang A: Übersicht der ausgewerteten Fallstudien

Nr.	Fallstudie 1	Fallstudie 2	Fallstudie 3	Fallstudie 4	Fallstudie 5	Fallstudie 6
Unternehmen	Bank XYZ	Biotech	Logis1	Tele1	Insur1	Bank 1a
Branche	Finanzwesen	Biotechnologie	Logistik	Telekommunikation	Finanzwesen	Finanzwesen
Erfolg	Ja	Ja	Ja	Ja	Ja	Ja
Offshoringland	Indien	Indien	Indien	Indien	Indien	Indien
Erfahrung?	Nein	Nein	Nein	Nein	Nein	Nein
Fokus	Entscheidungsprozess	Verbessern der Offshoring-Ergebnisse	Kulturelle Differenzen	Kulturelle Differenzen	Kulturelle Differenzen	Kulturelle Differenzen
Quelle	Offshore IT Sourcing: Decision Making Process in an Italian Banking Group	Twenty Practices for Offshore Sourcing	The impact of cultural differences in offshore outsourcing—Case study results from German–Indian application development projects			
Jahr	2010	2004	2004	2004	2004	2004
Autor	P. Previtali	J. Rottman, M. Lacity	J. Rottman, M. Lacity	J. Rottman, M. Lacity	J. Rottman, M. Lacity	J. Rottman, M. Lacity
Journal	Economia Aziendale Online	MIS Quarterly Executive	MIS Quarterly Executive	MIS Quarterly Executive	MIS Quarterly Executive	MIS Quarterly Executive

Nr.	Fallstudie 7	Fallstudie 8	Fallstudie 9	Fallstudie 10
Unternehmen	Bank 1b	Finance 1	Gowing	Sierra
Branche	Finanzwesen	Finanzwesen	Softwareentwicklung	Softwareentwicklung
Erfolg	Ja	Ja	Ja	Nein
Offshoringland	Indien	Indien	Indien	Indien
Erfahrung?	Nein	Nein	Nein	Nein
Fokus	Kulturelle Differenzen	Kulturelle Differenzen	Kulturelle Differenzen	Konguenzen mit Offshorepartner
Quelle	The impact of cultural differences in offshore outsourcing—Case study: results from German–Indian application development projects		Some political and cultural issues in the globalisation of software development - case experience from Britain and India	Synching or Sinking: Global Software Outsourcing Relationships
Jahr	2004	2004	2001	2001
Autor	J. Rottman, M. Lacity	J. Rottman, M. Lacity	B. Nicholson, S. Sahay	R.Heeks, S. Krishna, B. Nicholson, S. Sahay
Journal	MIS Quarterly Executive	MIS Quarterly Executive	Information and Organization	IEEE Software

Nr.	Fallstudie 11	Fallstudie 12	Fallstudie 13	Fallstudie 14	Fallstudie 15
Unternehmen	Ameriten	Global	FISC	Alcatel	Microsoft
Branche	-	Telekommunikation	Finanzwesen	Telekommunikation	Softwareentwicklung
Erfolg	Nein	Ja	Ja	Ja	Ja
Offshoringland	Indien	Indien	Indien	Global	Global
Erfahrung?	Nein	Nein	Ja	Nein	Ja
Fokus	Kongruenzen mit Offshorepartner	Kongruenzen mit Offshorepartner	Kooperation mit Offshorepartner	Globale Entwicklung	Qualität global entwickelter Software
Quelle	Synching or Sinking: Global Software Outsourcing Relationships		Evolution of Offshore Software Development: From Outsourcing to Cosourcing	Surviving Global Software Development	Does Distributed Development Affect Software Quality? An Empirical Case Study of Windows Vista
Jahr	2001	2001	2004	2001	2009
Autor	R. Heeks, S. Krishna, B. Nicholson, S. Sahay	R. Heeks, S. Krishna, B. Nicholson, S. Sahay	K. Kaiser, S. Hawk	C. Ebert, P. De Neve	C. Bird u. a.
Journal	IEEE Software	IEEE Software	MIS Quarterly Executive	IEEE Software	Communications of the ACM

Thesenpapier

1. Dank moderner Technik ist es egal, in welches Land Offshoring betrieben wird.

2. Auf Grund steigender Gehälter in den typischen Offshoring-Ländern ist es mittlerweile zu spät für einen Einstieg in Offshoring. Es müssen neue Alternativen gefunden werden.

3. Unternehmen benötigen keine bzw. nur noch einzelne interne Programmierer.

4. Ethisch ist Offshoring nicht vertretbar.